शब्दपदीयम्

शब्दपदीयम्

बद्री नारायण

वाणी
प्रकाशन

प्रकाशन के उत्कृष्टतम 63 वर्ष

vaniprakashan.com

सजिल्द पहला संस्करण : 2004
सजिल्द दूसरा संस्करण : 2026

वाणी प्रकाशन
4695, 21-ए, दरियागंज, नयी दिल्ली-110 002
फ़ोन : + 91 11 23273167, 23275710
शाखाएँ
अशोक राजपथ, पटना-800 004, बिहार
कॉफ़ी हाउस कैम्पस, महात्मा गांधी मार्ग, प्रयागराज-211 001, उत्तर प्रदेश
महात्मा गांधी अन्तरराष्ट्रीय हिन्दी विश्वविद्यालय, वर्धा-442 001, महाराष्ट्र
sales@vaniprakashan.in
vaniprakashan@gmail.com

Shabdpadiyam
by Badri Narayan

ISBN : 978-81-8143-067-0
Poetry Collection

मूल्य : ₹425

जी.एस. ऑफ़सेट, दिल्ली-110 095 में मुद्रित

वाणी प्रकाशन का लोगो मक़बूल फ़िदा हुसैन की कूची से

स्वर्गीय माई
श्रीमती शिव कुमारी देवी
को
जिन्हें यम के दूत
मुझसे छीन ले गए

भूमिका

अपनी जिन युवा प्रतिभाओं पर हिन्दी साहित्य गर्व कर सकता है, उनमें बद्री नारायण की महत्त्वपूर्ण जगह है। उनकी कविताओं ने शुरुआत से ही अनूठेपन की छाप छोड़ी है। उनमें से कई न केवल बेमिसाल हैं, बल्कि उन्होंने हिंदी समाज का काव्य रचना के नये स्रोतों से साक्षात्कार भी कराया है। बहुत सारे परित्यक्त, मलिन और बेसहारा संवेदन पहली बार बद्री नारायण के ज़रिए कविता की दुनिया में शामिल हुए हैं। इतना ही नहीं, कविता के *साम्राज्य से बाहर बसे अनेक शब्दों की ताकत इकट्ठा करके बद्री ने कविता के पुराने दुर्ग* को कड़ी चुनौती दी है। उनकी कविता में ढेर सारे 'कुजात' शब्द अपने अर्थ प्रकट करने के लिए स्वाधीन हैं।

बद्री नारायण की कविताओं की पहली पुस्तक सन् 1994 में प्रकाशित हुई थी। उनका यह दूसरा कविता संग्रह 'शब्दपदीयम्' एक दशक के अंतराल पर सामने है। आज के उपभोक्ता समय में जहाँ हर चीज की जल्दबाज़ी और हड़बड़ी है चाहे वह कविता ही क्यूं न हो, बद्री नारायण का यह विलम्ब वस्तुतः उनकी रचनात्मक तैयारी, धैर्य और उत्कृष्ट चयनप्रियता का प्रतिफल है। और इसीलिए शब्दपदीयम् में बद्री नारायण अपनी कविताई के अधिक परिपक्व, अधिक कठिन, अधिक सार्थक सोपान पर हैं। यहाँ तक कि वह 'रुलाई का पाठ' कर सकने तथा 'औरत की बुदबुदाहटों' को पढ़ सकने की सिद्धि हासिल कर चुके हैं।

बद्री नारायण का कवि एक मुश्किल राह चुनता है। क्योंकि वह हिंदी रूढ़ियों में, वरन् परम्परा में भी अपना ठौर नहीं पाता है। दरअसल मुख्यधारा की परम्पराएँ उसे रास नहीं आती और नाकाफ़ी लगती हैं। बड़ी 'निहत्था' कविता में बेलौस व्यक्त भी करते हैंः 'न अज्ञेय जी से ही रहा है मेरा कोई रिश्ता। न त्रिलोचन की परम्परा में शामिल रहा हूँ'। इसी तरह वह 'थोड़ी देर' कविता में अपने लकड़हारे से आग्रह करते हैं कि 'इतना फैला, इतना कद्दावर/इतनी तरह जड़ें फेंकता' वंशवृक्ष काट दिया जाए। ताकि 'थोपी गयी सनातनता से मुक्ति' प्राप्त हो। सच यह है कि बद्री नारायण वर्चस्वशाली परम्पराओं को तज कर रचनात्मक खाद पानी के लिए अनेक लघु परम्पराओं के नजदीक जाते हैं और यहीं पर इस बात की तसदीक होती है कि बद्री की कविता का लोक अपने अनेक समकालीनों से भिन्न है। इस कारण भी कि बद्री ही हैं जो चिड़िया से कहते हैं कि 'चिड़िया होने का अर्थ फाड़ दो'। ऐसी ही गुजारिश वह मछली और लड़की से भी करते हैं। इतने तक ही महदूद नहीं रहतीं बद्री की कविता। उसमें तो 'रागों में पूरबी राग/अपने लिए शास्त्रीय संगीत में जगह' मांगने लगता है और फुटनोट उठ कर धीरे-धीरे लेखों के बीच पहुँच जाने के लिए उकसाये जाते हैं।

'शब्दपदीयम्' के कवि को समझने में उसकी 'आत्मखोज' कविता काफ़ी मददगार है। इसमें बद्री नारायण का कहना है कि 'जब मैं खोजने लगा अपने आपको तो उसमें मिलने लगे दूसरे'। सचमुच 'शब्दपदीयम्' की कविताओं में अपने को खोजने जाँचने की बेकली है और इस प्रक्रिया में भारतीय समाज को मौजूदा दुखों, अंतर्विरोधों, संघर्षों से मुलाक़ात होती है। बद्री बड़ी दक्षता से आत्मखोज को समाज से साक्षात्कार में बदलते हैं और कई बार वह समाज से साक्षात्कार के ज़रिए हमें आत्मखोज की स्थिति में भी पहुँचा देते हैं। यही वजह है कि 'शब्दपदीयम्' में मौजूदा सभ्यता के दमनकारी, पतनोन्मुख, मूल्यहीन चरित्र की मीमांसा है, और इस सभ्यता से उपजी संवेदनहीनता, खुदगर्ज़ी, लालच, धोखेबाजी की जमकर भर्त्सना है। मगर सब कुछ इतने पवित्र अनुभूतियों तथा संवेगों के साथ कि कविताएँ सृजन के शिखरों को छू लेती हैं।

'शब्दपदीयम्' में बद्री नारायण कई अनमेल लगने वाले तत्वों से अपनी कविता का पदार्थ तैयार करते हैं। लोक उनकी प्रिय भूमि है लेकिन बद्री नारायण अपनी कविता में कभी कभार शास्त्र का भी इस्तेमाल करते हैं। यहाँ उनकी खूबी यह है कि वह शास्त्र की सारी हेकड़ी खत्म कर देते हैं और उसे लोक का चेहरा सिपुर्द करते हैं। नतीजतन 'शब्दपदीयम्' में दर्शन, ज्ञान की बड़ी-बड़ी बातें और गाथाओं के शिल्प में अपने मंतव्य सामने रखती हैं। कुछ कुछ ऐसे ही बद्री उदान्तता और खिलंदड़ेपन का प्रयोग करते हैं। उनकी कई कविताओं का तानाबाना बड़ा उदान्त होता है। लेकिन वहाँ सचेत रूप से ऐसी युक्ति आजमाई जाती है कि उदान्तता अजनबी नहीं लगती है। इसी कड़ी में अपनी खिलंदड़ीं, वक्र, व्यंग्यपूर्ण कविताओं में संजीदगी और करुणा का नमक डालने के लिए बद्री का कवि सक्रिय होता है।

बद्री का यह संग्रह 'शब्दपदीयम्' सत्ता और शक्ति के आत्म-प्रदर्शन, उसकी हिंसा, रक्तपात, मनमानी और छल को बेपर्दा करता है। इससे भी आगे बढ़कर वह इनका विखंडन करता है। फलस्वरूप सच्चाइयाँ उजागर हो जाती हैं और सब इतना स्पष्ट हो जाता है कि हमें मामूली मनुष्य की कराहें, आँसू, चीखें, छोटी-छोटी इच्छाएँ तक दिखाई सुनाई पड़ती हैं। साथ में उसका प्रतिरोध भी। वैसे 'हो सकता है/आपके पिछवाड़े/रची जा रही हो प्रतिरोध की कवितावली/और आपको पता तक न हो'। लेकिन 'शब्दपदीयम्' निश्चय ही उस प्रतिरोध का पता देता है।

संक्षेप में कहा जाए तो 'शब्दपदीयम्' जैसी कविता की पुस्तक रोज़-रोज़ नहीं तैयार होती है। उसे रचने में बद्री नारायण जैसे समर्थ कवि को भी पूरे दस साल लगाने पड़ते हैं।

- **अखिलेश**

अनुक्रम

विश्वास

मैं नश्वर हूँ
पर मुझसे भी नश्वर है मेरी किताब
जिसे मैं इतनी लगन से लिखता हूँ

मैं नश्वर हूँ
पर मुझसे कम नश्वर नहीं हैं
अलबम में रखे मेरे ये फोटोग्राफ़

मुझ नश्वर की
और भी ज्यादा नश्वर हैं ये डायरियाँ
जो इतने सालों में लिखी गयी हैं
और कितना क्षणभंगुर है मेरा यह विश्वास
कि इन्हें लेकर मैं काल के पार जाऊँगा
अपने जीवन में ही बनवा लेता हूँ अपनी प्रतिमाएँ
तरह-तरह की बनी
मेरी ये प्रतिमाएँ
कम नश्वर नहीं हैं।
जो पुण्य तिथियों के बाद ही बिसरा दी जाती हैं

चिट्ठियाँ जो मैं लिखता हूँ
वे तो और भी क्षणभंगुर हैं
जो वर्ष के अन्त में

माचिस की तीलियों से जला दी जाती हैं
जो भी उपहार मैं देता हूँ

कुछ दिनों में टूट जाते हैं
उपहार की उम्र है एक साल
शुभकामनाओं के दिन चार

मेरे पास जो भी हैं
स्थावर, अक्षर, अक्षुण्ण
जिन्हें मैं कालातीत साबित करने में
जुटा रहता हूँ
वे बर्फ़ के गोले की तरह
धीरे-धीरे विलीन हो जाते हैं।

कोई कहता है
शब्द अमर है
पर मैं अपने शब्दों पर कैसे करूँ विश्वास
जो दो बूँद जल में ही गल जाते हैं।

O

आधी रात में रुलाई का पाठ

आधी रात में मैं करना चाहता हूँ
एक रुलाई का पाठ
जो एक शहर की सड़क पर
उसके सम्पूर्ण वैभव के ख़िलाफ़ रोई जा रही है।

हालाँकि यह मैं भली-भाँति जानता हूँ
कि अब तक जो भी हुए हैं रुलाई के स्मृतिकार
एक एक कर मिटा दिए गये हैं
अगर कहीं बच गया है ग़लती से उनका कोई हर्फ़
तो उसे दूसरा अर्थ देने के लिए
नयी पद्धतियाँ गढ़ ली गयी हैं।

एक कवि ने कोशिश की थी,
रुलाई की विवेचना करने की
और खुद भी रुलाई में तब्दील हो गया था
मेरा एक मित्र जो वैज्ञानिक था, खोजना चाहा था
उसका अन्तः तत्त्व
और खुद भी उसके तत्त्व में बदल गया था
और यह तो मेरी आँखों के सामने ही घटित हुआ था
कि एक दार्शनिक ने दिया था रुलाई पर व्याख्यान
और खुद रुलाई बन दुनिया में गूँजने लगा था,
उसने कहा था,

सृष्टि का आदि शब्द 'ओम' नहीं 'रुलाई' है
जो स्वरों और व्यंजनों में फैलता रहता है
सब देखते रह गये थे और उसने सिद्ध कर दिया था–
कोई जरूरी नहीं कि हर रुलाई में आँसू आए,
आह निकले, ओह निकले, कोई ज़रूरी नहीं।
शुल्व सूत्र में एक वृत्तान्त है कि
विन्ध्य के उस पार जो ढह गये हैं मूँगे के पहाड़
वो वस्तुतः एक गूँगे के रोने से ढहे हैं।

पुराणों में कहीं-कहीं उन हिरणियों की रुलाई का भी ज़िक्र है
जिनकी कृष्ण खाल पर यज्ञों में चलने की पवित्र प्रथा प्रचलित थी
सदियों पहले जब ध्रुवतारा पेशावर में उगता था
तो आकाश के केन्द्र से अपने इस निष्कासन के
ख़िलाफ़ रोता था
पृथ्वी और आकाश में ऐसी जितनी गड़ी हैं रुलाइयाँ
मैं उन रुलाइयों का पाठ करना चाहता हूँ।

○

कोई ऋषि नहीं, यह कुत्ता लिख रहा है

बुदबुदाहटें दुनिया भर के उत्पीड़ितों की सबसे विश्वसनीय दस्तावेज़ होती हैं
अतः मैं इस औरत की बुदबुदाहटों को पढ़ता हूँ
जो ठिठुरती ठंड में सप-सप चलती हवा के बीच
इस पृथ्वी पर एक ट्रेन के एक डिब्बे में बैठी है

जिसका नइहर मसौढ़ी है और ससुराल जहानाबाद
जो अपना परिवार लेकर कलकत्ता भाग जाना चाहती है
उस परिवार को लेकर, जो अब इस दुनिया में बचा ही नहीं है
वह चीख़ रही है, चिल्ला रही है। उन चिल्लाहटों में हैं, कुछ ऐसी चिल्लाहटें
जो दुनिया में उपलब्ध विपुल साहित्य भण्डार में कहीं नहीं हैं
लिखित साहित्य में तो बिल्कुल नहीं
सपसपाती ठण्ड में वह जिसे देखती है कम्बल ओढ़े
मेरा कम्बल, मेरा कम्बल
कहकर चिल्लाने लगती है
मेरा कम्बल दे दो, दे दो मेरा कम्बल
वह जिसे देखती चप्पल पहने
मेरी चप्पल, मेरी चप्पल देखिए वह मेरी चप्पल लिये है,
कहकर चिल्लाने लगती है
गाड़ी रुकती है किसी स्टेशन पर
यार्ड में घूमता लाइनमैन डाँटता है—चुप पागल
उसी समय न जाने क्यों एक कुत्ता रोना शुरू करता है
हो सकता है, उस कुत्ते की रुलाई में इस औरत की किसी महान

विपदा की गाथा छुपी हो
जिसे गार्ड, ड्राइवर, जनता और लाइनमैन न जानते हों
जो उसके पागल होने की सम्भावना को जड़ से निरस्त करती हो,
जो उस औरत का पुलिस और हत्यारों के ख़िलाफ़
जीवन भर किए गए असफल प्रतिरोध का शोकमय आख्यान हो
और जिसे कोई ऋषि नहीं, यह कुत्ता लिख रहा हो।

धरणीधर

धन में राजनीति मिला और जोड़ दे तस्करी
फिर राजकर, राजकर
        हे धरणीधर
इधर टाटा सूमो, उधर अम्बेसडर
        जिस पर चाहे चढ़
        जिस पर चाहे न चढ़
कॉलगर्लों की सेना लेकर
        जयकर
लाल क़िले पर जयकर
हत्या, लूट, दंगा लेकर
आगे बढ़
हे धरणीधर
शब्दों क़ो बाँध
और वाक्यों को आतंकित कर
अर्थों को जिधर चाहे उधर कर
नाम दे, सिद्धान्त लिख
        व्याख्या कर
कविता की क्या बिसात
        काव्यशास्त्र पर बातें कर
गंगाजल पी, श्री यन्त्र पहन
गाँजा-हशीश का झोला ले
जनपथ पर टहल

जयकर—जयकर
        हे धरणीधर
काठ के पीढ़े पर जाँनिवाकर रख,
सरस्वती में लक्ष्मी फेंट
हिंस्र रक्तवर्णी तिलक में शीतल चन्दन रचा,
पुरुषार्थ का गुण गा
वीर रस की गुलामी में शृंगार भाव को लगा,
अजीब-अजीब विरुद्धों का समन्वय बन
पन्द्रह अगस्त को झण्डा फहरा
        समरसता गा
कालातीत! विचारातीत!!
        मेरी गली में आ
आ यहाँ भी ब्यूटीपार्लर, नाइट क्लब,
        जुए का अड्डा चला
अपने को परा कह अन्य को बैखरी
        अपना पोसा हंस, अन्य की टिटिहरी
अपनी बात प्रमाण है, अन्य की बात कथक्कड़ी
        विकसित कर
सभ्यता के पैमाने विकसित कर
        हे धरणीधर!
एक मुख में सहस्र फन
        पैदा करने की शक्ति रख
फिर राजकर
        हे धरणीधर,
राजकर
        छतनाग से दिल्ली तक

O

शब्दपदीयम्

मैं शब्द हूँ
शंकर के डमरू से निकला
और इधर-उधर बिखरा
न जाने कब कोई इन्द्र आये
और रात के तीसरे पहर
मुझी से
अहिल्या का दरवाजा खुलवाये
कोई चाँद पर फेंक कर मारे मृगछाल
और मेरी ही आवाज़ आये,

गरदन में शराब का घट बाँधे
कब कोई सेनापति आये
और मुझी से गाँवों को जला देने के लिए
योद्धाओं में जोश जगाए
मैं शब्द हूँ इसलिए ब्रह्म हूँ
बीच जंगल में न जाने कोई व्याध
मुझी को सुन
सरवर तट पानी पीती हिरणी पर शब्दभेदी वाण चलाए,
कब कोई गवैया, कब कोई भाँट आए
और मुझी से किसी आततायी राजा का
इतिहास लिखवाए
मैं शब्द हूँ मैं नहीं चाहता
फिर किसी क्रौंच पंछी की कराह में बदलना

मैं शब्द हूँ
अजब कशमकश में पड़ा
कहीं मुझे ही सुन बाग में फूलों में बैठा तक्षकनाग
किसी चिड़िया को डसने में सफल न हो जाए

मैं अब भी हूँ पहले की ही तरह
अनन्त ऊर्जा से भरा
पर कत्थई रंग की तरह उदास
कि कहीं मेरे ही प्रयोग से कोई इस धरा को भस्म करने का
फिर से वरदान न पा जाए

मैं शब्द हूँ
कहीं मुझी से कोई मनुस्मृति
फिर न लिख दी जाए

कहीं मुझी से फिर न लिख दी जाएँ
इतिहास की दुर्दान्त घोषणाएँ
तानाशाहों की कहीं लिख न दी जाएँ
मुझी से आत्मकथाएँ

मैं शब्द हूँ
डरता हुआ
नगाड़ों की गड़गड़ आती आवाज़ के बीच
एक हिरण के मन की तरह
अनकता हुआ।

O

थोड़ी देर

इतना फैला, इतना कद्दावर
        इतनी तरफ जड़ फेंकता
न जाने किसका बनाया यह वंशवृक्ष
        मेरे अस्तित्व में फैल चुका है
इसके तने भर गए हैं मेरे सीने में
        इसकी जड़ें मेरी उँगलियों तक फैल गयी हैं।
मेरे लकड़हारो!
        थोड़ी देर के लिए जड़ से काट दो
यह वंशवृक्ष
        हालाँकि ऐसा करने से रक्त मेरा ही गिरेगा
मज्जा मेरी ही कटेगी
        विधुना जाएँगी मेरी नसें
पर क्या करूँ
        मैं थोड़ी देर के लिए इस वंशवृक्ष से मुक्त होना
चाहता हूँ
        ताकि थोड़ी देर भर सके मेरी आत्मा में निर्मल जल
और इसमें भर गया रेत झड़ सके
        थोड़ी देर मैं इस थोपी सनातनता से मुक्ति चाहता हूँ
थक गया हूँ परंपरा की अनुकृति करते करते
        थोड़ी देर मैं मौलिक होना चाहता हूँ

O

छोटी-छोटी इच्छाएँ

मैं रात-दिन
स्मरण करता हूँ
अपनी उन छोटी इच्छाओं का
जो पूरी हो गईं
धीरे-धीरे
    जिन छोटी-छोटी इच्छाओं के चक्कर में
    अपनी बड़ी इच्छाओं से किनारा किया
    धिक्कार है मुझे
    कि मेरी धरी की धरी रह गयी
    पहाड़ तोड़ने की इच्छा!
काग़ज़ की नाव बनाकर
मान लिया कि
पूरी कर ली
बड़ी-बड़ी लहरों से भरे समुद्र लाँघने की इच्छा
    कुछ कविता लिखकर
    मैंने साध लिया है
    प्रतिरोध करने की इच्छा
धिक्कार है मुझे
मेरी छोटी इच्छाओं को
और उन्हें पूरा करने वालों को।

○

माँ का गीत

अगर तू सूर्य होता
तो दिन भर आसमान में जलता रहता
अगर तू चाँद होता
तो पूर्णिमा से एकम तक
तुझे रोज़-रोज़ कसाई के कत्ते से
कटना पड़ता। अगर तू तारा होता मेरे लाल
तो मुझसे कितना दूर होता
अच्छा हुआ तू बद्री नारायण हुआ।

O

आत्मखोज

एक दिन मैंने सोचा कि चलो,
अपने आपको खोजें
जब मैं खोजने लगा अपने आपको
तो उसमें मिलने लगे दूसरे।

उसमें वह लड़की मिली
जिसे मैंने वर्षों पहले खो दिया था,
उसमें वो लोग मिले
जिन्होंने मुझसे कभी की थी खूब घृणा,
और वे लोग भी मिले जिन्होंने मुझसे
की थी जितनी घृणा
बाद में करने लगे थे उतना ही ज़्यादा प्यार
उसमें वो लोग मिले, जिन्होंने
बिना किसी ग़लती के
मेरे लिए सज़ा मुकर्रर की थी,
वे लोग भी मिले, जिन्होंने मेरी
ग़लतियों को जान बूझकर माफ़ कर दिया था,
उसमें मिले वे लोग भी, जिनके बारे में
मैंने सिर्फ सुन भर रखा था।

जो अनुपलब्ध थे मेरे लिए,
जिनके लिए मन में थीं हसरतें

वे सब मिले मुझे मेरे भीतर
        वे सब मिले अपराध-बोध से भरे
जिन्होंने कभी मुझे ग़लत समझा था
        जिन्होंने मेरी पीठ में पीछे से कभी
        घोंपा था छुरा

वे भी थे मेरे भीतर सजी महफिल में,
        मेरी आत्मा को चिकोटी काटते हुए
सँड़सी धीकाते हुए मुझे दागने के लिए खड़े
        वे भी थे मेरे भीतर
जिन्हें मैंने कभी धोखा दिया था

मेरे भीतर कुछ एहसास थे, कुछ यादें थीं
        कुछ जिम्मेदारियाँ, कुछ यादें थीं
कुछ कर्ज़ थे, कुछ अदावतें थीं,
        मेरे भीतर अपना कुछ नहीं था
मैं दूसरों से था भरा पूरी तरह

O

साइकिल

साइकिल को पता नहीं था
कि एक-एक कर तीलियाँ छोड़ती जा रही हैं उसका साथ
इसी को 'जरा' कहते हैं।
इसी को 'बुढ़ापा'
इसी को 'मृत्यु' के करीब आना कहते हैं

धीरे-धीरे ज़ंग लग रहा था हैण्डिल में,
चक्का हो रहा था जाम,
रह-रहकर लय टूट जाती थी
और सूखता जाता था चेन में पड़ा तेल।

O

चिड़ियाँ रे

चिड़ियाँ रे!
चिड़ियाँ होने का अर्थ फाड़ दो
मछली रे मछली होने का अर्थ काट दो
लड़की चिन्दी-चिन्दी कर दो
लड़की होने के अर्थ को

बकुल के फूल, बकुल के फूल होने के अर्थ को
अपने से थोड़ा अलग करो,
और कमल के फूल की रूप छवियों में
नाभियों अपने लिए जगह माँगो,

पृथ्वी के नीचे फैली जड़ो,
पेड़ों के बिम्ब में अपने प्रति होने वाले
अन्याय के ख़िलाफ़ रख दो माँगपत्र
पत्तियो। उठो और कहो
कि फूलों के बनाने में तुम भी शामिल हो,

सभ्यताओं के तत्त्वो सब मिलकर
सभ्यताओं का अर्थ ही बदल डालो,
रागों में पूरबी राग,
अपने लिए शास्त्रीय संगीत में जगह माँगो

और फुटनोटो, तुमसे तो मैं कहते-कहते थक गया,
कि उठो और धीरे-धीरे पहुँच जाओ
लेखों के बीच में।

O

घर

जहाँ बिल्ली को खदेड़ता
दिख जाएगा ख़रगोश
वहीं अपना घर बनाऊँगा

वहीं शीत-वसन्त लाऊँगा
वहीं लगाऊँगा
सेब, नारंगी, सन्तरा

वहाँ कामधेनु पोसूँगा,
वहीं कवियों, बुलाऊँगा तुम्हें
और काव्य पाठ कराऊँगा
जहाँ बिल्ली भागती होगी
और पीछे से खदेड़ता होगा
ख़रगोश...

O

निहत्था

न मैं देवताओं का प्रिय हूँ
न आलोचकों का
न ही सम्पादकों का

न पुरस्कारदाताओं से होती रहती है प्रायः मेरी मुलाकात
मेरे पास शराब की शक्ति भी नहीं है
नहीं है मेरा कोई अधिकारी मित्र
न ही किसी कागज के व्यापारी का
सबल हाथ है मुझ पर
न ही मेरे पास लाभ-हानि पहुँचाने की शक्ति है
न अज्ञेय जी से ही रहा है मेरा कोई रिश्ता
न त्रिलोचन की परम्परा में शामिल रहा हूँ

फिर कौन होगा मेरा कवच
कौन होगा मेरी तलवार
कैसे मैं इस रणक्षेत्र में जी सकूँगा निहत्था

O

आत्मकथा

कविता-कहानी की बारी नहीं थी
इस वर्ष आत्मकथा पर नियत था पुरस्कार
पर मेरे पास आत्मकथा नहीं थी

राजा के पास होगी आत्मकथा
अफ़सर के पास भी होगी
तानाशाह बड़ा हो या छोटा
वह असीम शक्तियों के साथ
आत्मकथाओं से भी युक्त होगा।

शेयर होल्डर्स, शेयर दलाल
        पूँजीशाहों के पास तो जरूर होगी आत्मकथा
पेरिस में जो औरत चलाती थी चकला
        सत्तर के दशक में उसकी आत्मकथा हॉट केक की तरह बिकी थी।
और देश के सबसे बड़े किडनैपर की आत्मकथा पर
        बन रही है बढ़िया कला फ़िल्म
मैं सोच रहा था–
        राजा की आत्मकथा तो दरबारी पढ़ लेंगे
अफ़सर की आत्मकथा
        पढ़ लेंगे सचिवालय के कर्मचारी
व्यापारी की आत्मकथा
        व्यापार मण्डल के अधिकारी पढ़ लेंगे

अगर मैं लिखूँगा आत्मकथा तो
        कौन पढ़ेगा?
उसे किसे पढ़ने की पड़ेगी ज़रूरत
देखो! मैं कैसा जीवन जी रहा हूँ
        आत्मकथा के बिना

O

हो सकता है

हो सकता है
आपके पिछवाड़े
रची जा रही हो प्रतिरोध की कवितावली
और आपको पता तक न हो
आपको पता न हो कि
उसे एक बूढ़ा बाप अपने उस बेटे के ख़िलाफ़ रच रहा है
जो पुलिस बन अपने ही लोगो पर जुल्म ढा रहा है
यह भी सम्भव है कि यह व्याकरण
एक पत्नी अपने उस पति के ख़िलाफ़ लिख रही हो जो
पैसे के कारण भरी जवानी में बम्बई जा बैठा है
और यह व्याकरण छान चूती बारिश की मुख़ालफ़त से शुरू होकर
पैसा, पति और अंततः इस सत्ता की मुख़ालफ़त
में तब्दील हो जाता हो,

हो सकता है यह शास्त्र एक कुत्ता अपने कुत्ता होने के विरुद्ध
बार-बार भगवान के मन्दिर में
मूर्ति के पास पेशाब कर लिख रहा हो और मन्दिर का पुजारी
इसके लिए उसे बार-बार दुत्कार रहा हो
यह भी हो सकता है कि एक चिड़िया इसे
किसी पुजारी के ख़िलाफ़ चुपके-चुपके अंजाम दे रही हो।

जो जिसकी शान में सिजदा करता हो
उसी के ख़िलाफ़ कुछ बोले

मूक, क्रुद्ध, मुखर लिखे जा रहे हों,
प्रतिरोध के अनंत शास्त्र और जिसकी सूचना प्रेस को नहीं हो

हो सकता है
गोली नली के ख़िलाफ़ आग उगलने वाली हो
हो सकता है 'डण्डा' उस हाथ के ख़िलाफ़ ही उठ खड़ा हो
जो उसे ग़रीबों पर ताने,
और चाकू उसी मुट्ठी के ख़िलाफ़
जो उसे अरमान भरे दिलवाले आदमी के सीने में घुसने के लिए बाध्य करती हो।

नग इस ज़ालिम कसाव से तंग आ
अँगूठी के ख़िलाफ़ ही होने वाला हो
बहुत सम्भव है क़लम उस उँगली के ख़िलाफ़ ही बोले
जो उससे ज़बरदस्ती चारण-गान लिखवाती है।
और कई अक्षर कई शब्दों में शामिल होने से साफ़ इन्कार कर दें।

जूते उन पाँवों के ख़िलाफ़ मुखर हो जाएँ
जो उन्हें ग़लत जगह पहुँचाते हैं
बहुत सम्भव है कि बुद्धि उस मस्तिष्क के ख़िलाफ़ हो जाए
जो उससे अनेक जुल्म ढहवाती है
मैं नहीं जानता
मैं ठीक से नहीं जानता
पर हो सकता है तानपूरा उस उस्ताद के ख़िलाफ़ होने वाला हो,
जो उससे बेसुरा राग निकलवाता है
और ग़लत महफ़िलों में बजाता है।

राजाज्ञाओं में छुपे अर्थ कब रुख़ बदल लें
और राजाज्ञाओं के ख़िलाफ़ हो जाएँ
कब पैड में लगी स्याहियाँ मुहरों से अदावत कर लें
कब क्या हो जाए
कोई क्या कह सकता है।

O

बात बहुत पुरानी नहीं है

बात बहुत पुरानी नहीं है
यह मेरी दादी ने कहा था
माँ से
माँ ने मुझसे कहा था

एक शहर था
जहाँ वर्षों से सूई और धागा
संग-संग रहते थे
पर दोनों आपस में लड़ते रहते थे
सूई को लगता था कि
धागा होना अच्छा है
धागे को लगता था
सूई होना
सूई को लगता था कि
धागे में कितनी सुन्दर बंध जाती है गाँठ
धागे को लगता था कि
काश! मैं भी सूई के पहले
कपड़े को छेद पाती
एक दिन
सूई ने धागा होने की कोशिश की
धागे ने सूई होने की
तो लोगो दोनों ने अपने-अपने अर्थ खोए
दोनों ही व्यर्थ हुए

O

न जाने क्या हुआ

न जाने क्या हुआ
कल एक राजा नींद में चिल्ला उठा
मन्त्रियो! मुझे लोकगाथाओं में जगह चाहिए

चिन्तित हुए सारे मन्त्री
अधिकारी हैरान
जिसके पास पुलिस है असंख्य सेना है
जलदुर्ग, थलदुर्ग
जिसके पास चौंसठ क़िले हैं
उस राजा को क्या जरूरत पड़ी
लोकगाथाओं में जगह के लिए

हुआ गहन विचार
शब्द, सत्ता, स्मृतियाँ
मिथक, गाथा, पुराण
पुरखे, पुरोहित

ओम! ओम! ब्रह्म ज्ञान
सबको आमन्त्रित किया गया
सबने सुना, सब सोच में पड़ गए
इस राजा के लिए लोकगाथाओं में कैसे जगह बनाई जाए
चलो, यह राज़ किसी मदारी से जाना जाए
ख़ैर साहब

न जाने कहाँ से पकड़
एक बाज़ीगर बुलाया गया
उसे सारी स्थितियों से अवगत कराया गया
सब सुन हँसा मदारी
यह लो हाऽऽ हाऽऽ हाऽऽ

राजा को भी अब लोकगाथाओं में जगह चाहिए
जगह भी वहाँ जहाँ लोकगाथाओं में
नायक बैठते हैं
अचानक वह हुआ गम्भीर
फिर पूछा
कवियों से बात की?
नहीं! लेखकों से बात की? नहीं!
गाँवों में जिनकी आँखों में डूबता है सूरज
उन बूढ़ी औरतों से बात की?
नहीं!
तो मूर्खो
राजा के लिए किस तरह और कैसे जगह बनाओगे
लोकगाथाओं में,
इसके लिए गलियों, पेड़ों, चिड़ियों से
बात करनी होगी
हवा को समझाना होगा
पानी को मनाना होगा
बीजों को कहीं ले जाकर धीमे से बुझाना होगा।

कायाकल्प करना होगा
इतने पर भी नहीं होगा
सबसे बड़ी बात है
कि राजा को मरना होगा

O

तय इससे होगा

खून कैसा है?
इससे कुछ तय नहीं होगा
तय इससे होगा कि
खून किसका है

यह प्रश्न, प्रश्न के रूप में उस शाम हर तरफ़ गूँजने लगा था
कोई कहे चिड़ियों का है, कोई कहे मानुष का
यह खून आकाश में चमकते ध्रुवतारे का है

तभी एक छोटा बच्चा चिल्लाता हुआ गली में दौड़ गया था

एक बातूनी की उलटवांसी है
कल रात राजधानी एक्सप्रेस
लहुरा स्टेशन पर एक मच्छर से टकरा गई
यह खून राजधानी एक्सप्रेस की एक टाँग का है

किसी के अनुसार
इस खून में कैल्शियम कम है फ़ासफ़ोरस ज़्यादा

सब अलग-अलग तरह से इस खून को पढ़ रहे थे,
हत्यारा अपनी तरह से,
साधु अपनी तरह से

इस रक्त के आकार-प्रकार पर जारी थीं बहसें
पर अजब चुप्पी थी जनाब
इस मसले पर अख़बारों में,

अख़बार इस सफ़ेद कपड़े में लगे खून का
चित्र तो छाप रहे थे
पर उस पर कुछ भी लिखने के लिए
किसी तरह तैयार नहीं थे

हो सकता है वे इस खून पर कुछ भी लिख
इसे एक निश्चित अर्थ देने से बचना चाहते हों
यह भी हो सकता है
कि वे इसकी व्याख्या की अनन्त
सम्भावनाओं का वध न करना चाहते हों
पर यह भी तो हो सकता है उनके मालिकों
के कुरते के बटन तक इस खून के छींटे जाते हों।

पर यह खून ही है
यह अभी तय तो नहीं हुआ
एक उग्र बौद्धिक ने सवाल उठाया
तभी न जाने कहाँ से आकर एक बुढ़िया ने दावा ठोंका
यह खून उसकी कमसिन बेटी का है
जिसके साथ अमावस्या के चौथे दिन
बलात्कार किया गया था।
जो भी खड़े थे आस-पास, सब घबड़ाए
क्योंकि यहाँ एक विश्वास है
कि जब तक बातें निष्पक्ष हों तब तक तो ठीक है
पर जब वे ठोस आधारों पर कहीं जाने लगें
तो उनसे बचना जरूरी है।

फिर 'ह्यूमन' 'इमोशन' 'सहायता' 'सहयोग' जैसे शब्दों के चक्कर में कौन पड़े।
शब्द तक तो ठीक है
अब अर्थों के चक्कर में कौन पड़े
सब चक्कर में थे, सब ऊहापोह में
किसी की आँखें ऊपर थीं, किसी की नीचे,
तभी शहर में फैले असमंजस को
ध्यान में रखते हुए
प्रशासन द्वारा गठित, जाँच आयोग ने घोषणा की
कि दारुलशफ़ा की सड़कों पर
रात के कई घण्टे जो ठिठुरती रही थी
चिथड़ों पर लगा खून
वह किसी लड़की का न होकर
डुमरी के फूल का है

पर बुढ़िया।
बुढ़िया के बारे में मत पूछो मित्रो
वह जहाँ कहीं भी होगी
इस शहर के भविष्य का
एजेण्डा तय कर रही होगी।

O

कोई है

कोई है!
मैं पहचान नहीं पा रहा हूँ
पर कोई है।
कोई है
जो हमें चिहुँका रहा है

रात के अँधेरे में
छाया बनकर
मेरे पास आ रहा है

उसके पाँवों से टकरा
शीशा फूटता है छन्न

अच्छे दिनों में आशंका
बुरे दिनों में भय
कोई है

कोई है
जो मेरे कैलेण्डर को खून से नहला रहा है।

देखो
वहाँ-वहाँ

नहीं-नहीं
यहाँ कहाँ
ज़रूर कोई है!
धब्ब! क्या गिरा
कुछ बचा कि सब टूट गया
ईसा की मूर्तियाँ, गुरुद्वारे की तस्वीर
मिट्टी का सेब, प्लास्टिक का अंगूर
अब तो विश्वास हुआ

कि कुछ हुआ
कहीं कुछ हुआ
तो कोई है
कहाँ–कहाँ
आँऽऽऽऽऽऽऽऽ आँ ऽऽऽऽऽऽऽ कहाँ
दौड़ो! देखो! चीन्हो! जानो
कोई है जो
अदृश्य हुआ जा रहा है
लो! बात मत मानो!
गूँजने लगी न उसकी पैरों की धप्प
खून में छूरे की छप्प-छप्प!

कोई है!
अब तो मेरी बात मानो
कोई है!

इस दुनिया के पिछवाड़े
कोई है!

O

पूरबी बनीज का गीत

इत्र के व्यवसाय में मित्र को भारी हुई है हानि
इन्द्र को अस्त्रों के व्यवसाय में रिकार्ड मुनाफ़ा हुआ है
कुबेर की डायरी में लिखे वृत्तान्त से पता चलता है कि
ऋत का संचालक वरुण काले धन को उजला बनाने में लिप्त है

अश्विनी कुमारों ने तय किया है कि
अब वे जीरे की लदनी छोड़ विदेशों से हीरा लाएँगे
नास्तेय आदि देवों ने कोकीन, अफ़ीम से कितना कमाया है,

इसका कोई नहीं है अनुमान
एक देव जिसका नाम अभी गुप्त रखा गया है, का मानना है कि कला वस्तुएँ भी
अकूत मुनाफ़े का बेहतर संसाधन हो सकती हैं

सुनने में आया है कि
बड़े-बड़े डील में लगे संगी-साथी और सबल एवम् समर्थ असुरों के लिए सुन्दर अप्सराओं एवं ऋषि बालाओं की सप्लाई को इन्द्र ने एक नये व्यवसाय के रूप में विकसित कर लिया है।

O

विदा

पहचान में नहीं आ रहा था कि
दोनों में से कौन किसको विदा करने आया है
दोनों अत्यन्त आकर्षक थे
अत्यन्त आधुनिक
पर उनमें एक बात प्राचीन थी
कि दोनों रो रहे थे

○

प्रस्ताव

भय दिखाकर जितना कमाया जा सकता है
उतना ही प्रेम दिखाकर
इसलिए प्रेम और भय अब विरोधी भाव नहीं रह गए हैं
स्वर्ग से आने वाली पहली डाक से ही
पाणिनि ने भेजा है प्रस्ताव
कि पहले से चले आ रहे व्याकरण में
कुछ सुधार आवश्यक हैं

○

दिनचर्या

आओ!
चलो! सुबह होते ही
एक पापी को
गुड मार्निंग करो
जैसे-जैसे दिन चढ़े
अपने ड्राइंगरूम में
किसी दलाल का स्वागत करो

जैसे ही होगा मध्याह्न
तुम बच नहीं पाओगे श्रीमान्!
किसी छली के साथ पीना ही पड़ेगा
तुम्हें कॉफ़ी या चाय।
दोपहर क़े बाद के समय का
बड़ा कठिन है प्रतिमान
किसी भ्रष्टाचारी को करना ही पड़ेगा
जय राम!

(नहीं तो ख़ैर नहीं)
आएगा अपराह्न तो
शासन पर होगा ध्वजा फहराता
दुःशासन
उसी का तंत्र होगा, उसी का जाल

साँझ की मत पूछो
साँझ होते ही मैं तो डरने लगा हूँ
कि कैसे बीतेगी यह रात
जिसे ताने खड़े हैं
हत्यारों के सहस्र हाथ

देखते ही देखते
उनके ढोल और मजीरे अनवाध करने
लगते हैं
देखते ही देखते
वे किसी किशोर की मूड़ी ले
बीच सड़क पर ठुमक-ठुमक करने लगते हैं।

तीसरे पहर की मत सोचो
भाई जान
मनाओ कि बच जाए
तुम्हारी जान!
अगर बच गए
तो दूसरी सुबह मिलेंगे
नई दिनचर्या के साथ।

O

प्रश्न था

प्रश्न था,
इस कॉलोनी की स्वच्छता को बचाए रखने के लिए
इस कॉलोनी की गन्दगी को कहाँ फेंका जाए
फटे कन्डोम, रक्त लगे पेपर, एबॉर्शन में प्रयुक्त पट्टियाँ
अवैध सम्बन्धों के बेकार हो गए प्रतीक चिह्न
शराब की पुरानी बोतलें, अण्डे के छिलके
पेटीकोट का नाड़ा, पोलीथिन और न जाने
क्या-क्या!

पर्यावरणविदों को बुलाया गया,
आमंत्रित किया गया लन्दन में पढ़े एक वास्तुकार को
नियोजक भी आए, मीटिंग के प्रायोजक भी आए
कॉलोनी के वासी एक लेखक, एक वैज्ञानिक, ह्यूमन राइट्स के नेता, नारीवादी कार्यकर्त्री
कॉलोनी के मन्दिर के पुजारी जी,
सभी शामिल हुए इस विमर्श में,

और सबने मिलकर यह तय किया कि नागरिक जीवन को
प्रदूषण से बचाए रखने के लिए इस कॉलोनी के चार-पाँच
किलोमीटर दूर बसी हलख़ोरों की बस्ती के ठीक पास
चुनकर एक जगह नियत कर दी जाए
सब आए और सबने मिलकर यह तय किया

प्रश्न था कि क्या इस प्रस्ताव को स्वीकृति दे दी जाए
प्रश्न था कि स्वीकृति दे कर कौन अपनी खाट
खड़ी कराए

प्रश्न था कि किसमें दम है कि इस प्रस्ताव को रोक पाए
प्रश्न था कि इन हलख़ोरों के लिए कौन इतनी ज़हमत
उठाए

प्रश्न था और प्रश्न है कि
इस बात पर क्यों इतना सोचा जाए
प्रश्न था और प्रश्न है।

O

आँखों देखा हाल

इन्द्राणियाँ चार्ली परफ्यूम में गमकती
चाट खा रही हैं

यक्ष शराब में धुत हैं
किन्नर सुबह से ही शेयर बाज़ार में
उँगलियाँ दिखा रहे हैं

ऋषियों में कई ऋषि
नाबालिग लड़कियों की चीख़ें दबा
उनसे बलात्कार में तल्लीन हैं
ऋषिकुमार चरस, अफ़ीम एवं मरिजुआना की खोज में
गए हैं

सूर्य हल्का-सा उगा है और हल्का अस्त है
आकाश में हल्की बदली है
दो चार बूँदें
बारिश की गिर रही हैं
तैंतीस कोटि देव और तिहत्तर कोटि देवियाँ
हाहाऽऽ हऽ हऽ
कर रही हैं
विष्णु क्षीर सागर में अनजान सो रहे हैं
और विष्णु पत्नी लक्ष्मी

किसी ग़ैर मर्द के दैहिक प्रेम में पड़
तलाक़ पत्र पर हस्ताक्षर करने के लिए
आँखें नीची किये विचार कर रही हैं

सियाजी लंका से आने के बाद
लगातार रावण की याद में घुल रही हैं
और धीरे-धीरे रेशम की डोर-सी पतली हुई जा रही हैं
एक अप्सरा जो देवताओं के बीच
कामोत्तेजक वस्तुओं के प्रचार के लिए प्रसिद्ध है, से
जगत्पिता परमेश्वर के सम्बन्धों की
खुलेआम चर्चा है,
न्याय करने का लालच दे
राजा शिवि
अपने शरण में आए पक्षी को मारकर
उसका गोश्त खा रहा है

यह स्वर्ग के सबसे समृद्ध एवम् सबसे सम्भ्रान्त इलाके का वाक़या है
यहाँ इतिहास अपने को फिर से दुहरा रहा है
यमी अपने भाई यम से सहवास को आतुर
रात अँधेरे सबकी नज़रें बचा, दबे पाँव उसके कमरे में जा रही है,
द्रौपदी और कर्ण के गुप्त सम्बन्धों का
अभी-अभी हुआ है खुलासा

यह गोधूलि का समय है
पृथ्वी पर अभी शाम के साढ़े छः बजे हैं

O

बाज़ार का गीत

जो कोई बाज़ार में आएगा
चार पैसे में बिकाएगा
पर दो ही पैसा पाएगा
दो तो दलाल ले जाएगा

चाहे कोई हो
हम आप या कबीर
बौद्धिक, लेखक, फ़क़ीर
सब चार में बिकाएँगे
पर दो ही पैसा पाएँगे,

हाँ! जिसे ठीक से बिकने आएगा
वह दो क़ी जगह दस भी पा जाएगा

पर अपवाद है!
वैसे भी यहाँ बहुत शातिर दुकानदार हैं

हाँ तो लोगो!
यह बाज़ार है
मीना बाज़ार, माया बाज़ार
अलटन बाज़ार, पलटन बाज़ार
चहुँ दिशि जगमग करता

झन-झन-झन-झन
सोना बजता
अरे यह क्या?
यह तो ग़ालिब
दाढ़ी खुजलाते बिकने चले आ रहे हैं
घर में न लोटा रहा न थाली
"अगर मैं बिकना चाहूँ तो कितने में बिकूँगा?"
निराला जी किसी से बतिआ रहे हैं
यह मेरे पिता, यह मेरे मामा, यह मेरे ताऊ
हाय मैं क्या करूँ
सब बाज़ार में बिकने चले आ रहे हैं
बाज़ार में बढ़ती ही जा रही है भीड़
सज्जनो! बाज़ार में बढ़ती ही जा रही है भीड़

O

कवि

शराब, सिगरेट, भुनी मछलियाँ
गर्म पानी, ठंडा पानी
बर्फ़
दाल, मूँगभुजिया

पिछले पुरस्कारों की याद
नए पुरस्कारों को गाली
कविता विशेषांकों में छपी कविताओं की चर्चाएँ
और नई-नई अटकलें

एक दूसरे को गले लगाना, एक दूसरे को सुझाव देना,
और एक दूसरे को पकड़कर रोना,
वे उत्सव मना रहे हैं कि शोक
मैं समझ नहीं पा रहा हूँ

हालाँकि सभी अपने कविता संकलन
अपने-अपने गले में
ताबूत की तरह
हिला रहे हैं।

O

धत् तेरी दिल्ली की

धत् तेरी दिल्ली की
तेरी कार की, मोटर की
मनी बैग, अंग्रेज़ी की
तेरे नाज़ नख़रे नक़्शे
धत् तेरी अभिजात्यता की
तेरी बौद्धिकता की ऐसी-तैसी
धत् तेरे रोलेन बार्थ, देरिदा की

    तेरी कामनाएँ तेरे सपने
    धत् तेरी फैंटेसी की

फ़ोन नम्बर, समय सारणी
धत् तेरी दिनचर्या की
जीवन के सहज धागों को
कुतर रहे
तेरे भूरे-सफ़ेद चूहे की

    शराब सिगरेट से गंधाई तेरी संगोष्ठी की
    शब्दकोष, व्याकरण
    धत् तेरे जॉरगन की।
तेरी बुद्धि की, वाणी की
रोटी के अभाव में मरते आदमी के

इण्टैलेक्चुअल एक्सप्लॉइटेशन की
धत् तेरे फ़ोर्ड फ़ाउण्डेशन की
धत् तेरे फ़ेलोशिप्स, पुरस्कार
रोम, बर्लिन की यात्रा
धत् तेरी गुणा-भाग की शक्ति की
बड़ा नाज़ है तुझे
यह ले
धत् तेरी संसद की।

O

अनुपम की माँ

रात काली है
हो रही है सप-सप की आवाज़
अभी किवाड़ मत खोल
अनुपम की माँ।
कहकर मेरी माँ सो जाती है।
        उसके सो जाने के बाद
        उठती है अनुपम की माँ
उठकर बैठती है
और उलटने पलटने लगती है
दुनिया-जहान
        अपनी बूढ़ी आँखों से
        उसमें वह खोजती है अनुपम का बाल
        उसे न जाने क्या हो जाता है
        वह पागलों की तरह एक-ब-एक नोचने लगती है
        रात, फाँसी का फन्दा
        और जाल
हालाँकि वह पागल नहीं है
वह है अनुपम की माँ।
कहती है
देखो बाबुन
वे हमारे अनुपम के सर को
फुटबाल की तरह

लोंधड़ा रहे हैं
न जाने कौन लोग थे कौन थे सोंस घड़ियाल
जो चुरा ले गए अनुपम का बाल
मुहल्ले वालों के अनुसार
वे पुलिस वाले थे
गली के मुहाने पर का चाय वाला
सबसे डरता है
पर मुझसे कहता है
कि वे थे,
जान-पहचान के हत्यारे!
कहती है मेरी माँ
मैं पहचानती हूँ
मैं ठीक से पहचानती हूँ
वे वही लोग थे,
जो लील गए इस दुनिया के
कितने अनुपमों की आँख।
सुनो!
सृष्टि के सबसे बड़े क़साईख़ाने के दरवाज़े पर
आकर साँकल पीटती है
अनुपम की माँ
और ब्रह्मांड को कँपा देनेवाली
आवाज़ में
चिल्लाती है
रह-रहकर
पूरी रात

उसके चिल्लाने से हिलने लगती है
क़साईख़ाने की दीवार
कुछ ईंटें गिरती हैं, कुछ के फूटते हैं सर
पर नहीं मरता,

अजर-अमर हत्यारा नहीं मरता।

हत्यारा हालाँकि डरता है
पर अनुपम का ही कुरता पहन
टहलता है
मेरी माँ झँझोड़ती है
अनुपम की माँ! ऐ अनुपम की माँ!
मैं सोचता हूँ कि इस समय,
पूरी दुनिया क्यों नहीं
चिल्लाती है
अनुपम की माँ।
हालाँकि ऐसा सोचने का
सही समय नहीं है यह
मत रो! मत रो!!
मत रो!
अनुपम की माँ

मैं उसके क़रीब तक जाता हूँ

वह रोती जाती है
और कहती जाती है
क्या करूँ अब मैं क्या करूँ
उधर देखो
मेरे अनुपम का ही चेहरा
पहन लिया है हत्यार।

O

आधुनिक लोककथा

गिलहरी अपने कैलेण्डर में
ठीक से विचार कर चली थी
छुट्टी का दिन
पर नदी के कैलेण्डर में
उस दिन छुट्टी नहीं थी
दोनों खड़े थे आस-पास
और दोनों के बीच
फहरा रहे थे दो कैलेण्डर
अपनी छुट्टियों के साथ

O

सपने में काली गाय

कल मेरे सपने में आई
काली गाय
सुबह मैंने स्वप्न विचारकों से कहा
कि इस सपने पर करो विचार
किसी ने कहा–
पृथ्वी थी।
जब पृथ्वी पर बढ़ जाता है अत्याचार
तो वह गाय की शक्ल में
कवियों के सपनों में आती है
किसी ने कहा–
जब कवि अपनी पत्नियों से इतर
कई लड़कियों से प्रेम रचाते हैं
तो कवियों के सपनों में
उनकी पत्नियाँ
गाय बन आती हैं
पर मैं तो अभी कुँआरा हूँ यार।
उनमें एक था मोटा स्वप्न विचारक
उसने आँखें बन्द करते हुए कहा–
कोई कुछ भी समझ नहीं पा रहा है
जब दुनिया के कई हिस्सों में
एक साथ राज बदलना होता है
तो कवियों के सपनों में गाय आती है

पता नहीं क्या है–
पर मेरे सपने में
आई थी एक काली गाय।

O

हरा छींट और चार खूँट चाँद

पृथ्वी का यह अद्‌भुत स्थान है
यह केन्द्र है सृष्टि का
पृथ्वी देवी का प्रजनन स्थान है
यह संगम है तीन नदियों का
दो दिखती हुई,
एक विलुप्त!

यहाँ शंख चक्र पर गरुड़ों का राज है
यहाँ काली कटार, लाल कटार से बतिया रही है
गंगा छाप भुजाली कुरते में घुसी आ रही है
वो देखो!
वहाँ गिरी पड़ी हैं छः अँगुलियाँ
काली मछली रेत पर
और हरी मछली पीतल के सिंहासन पर मरी पड़ी है,
गंगा जल में बह रही हैं
दो तुमड़ियाँ टूटी हुई
तीन लोटे उल्टे पड़े हैं

हरा छींट और चार खूँट चाँद निकलने पर
फूट-फूट कर रो रहे हैं कि
पाँच सिपाही पीतल के घोड़े पर

उत्तर की ओर क्यों जा रहे हैं
कि क्यों चाँदी का छत्र और भगवा ध्वज
इतने ऊँचे फहरा रहे हैं।

O

वंशावली

पेड़ों के वंश में पत्ते भी थे
पर पेड़ों की वंशावली में पत्ते नहीं हैं
नहीं हैं चिड़ियाँ
इसमें तो इसके नीचे वर्षों साधना करनेवाले
बुद्ध भी नहीं हैं

इतने वर्षों रोया हूँ मैं इसके नीचे
पर इसमें तो मैं भी नहीं हूँ
इसमें होनी चाहिए थी वह लड़की
जिसने इसी से लटककर कर ली थी आत्महत्या
और जिसकी आत्मा बया चिड़ियाँ का खोता बन
आज भी शाखों पर झूल रही है

वे भिक्षुणियाँ कहाँ हैं इसकी वंशावली में
जो घरों की चारदीवारी फाँद कर आई थीं इसके पास
इसमें वह आदमी भी नहीं है
जिसने भूख से व्याकुल हो तोड़ लिया था
इसका पहला फल,

इसलिए कहता हूँ कि ग़लत है
बिलकुल ग़लत है

पेड़ों की वंशावली।
जिसमें एक ठूँठ है
सबको ठूँठ में बदलता हुआ।

O

नागरिक सभ्यता

बन रही नागरिक सभ्यता में भी
ऐसा नहीं होता कि
देहात से कभी आ जाएँ भेड़ें
तो उन्हें क़त्ल कर दिया जाए

यह बात बुद्ध ने
अपने प्रिय शिष्य आनन्द से कही थी

उन्नीसवीं सदी में रोम में
अगर ईसा मसीह होते
तो क्या उनके साथ भेड़ें न होतीं,
क्या उन्हें मशीनों से क़त्ल कर दिया जाता
या धर्मगुरु ही बदल दिया जाता

क्या इलियट की कविता में भेड़ों का आना
कोई ग़लत बात थी
यह सोच मैंने भेड़ों के दो जोड़ों को
अपने साथ शहर ले जाना तय किया।

क्या महानगर में ये भेड़ें आ जाएँगी
तो भद्रजन नाराज़ हो जाएँगे
नाराज़ हो जाएँगे हाकिम-हुक्काम

क्या नगर प्रमुख इसके ख़िलाफ़ अनशन पर बैठ जाएगा
क्या भेड़ों के मिमियाने से नागरिक सभ्यता भ्रष्ट हो जाएगी
क्या इससे नष्ट हो जाएगा विकसित हो रहा आधुनिक जनतन्त्र
क्या महानगरों में भेड़ों के आने से दुनिया में ग़लत सन्देश जाएगा
क्या इससे अमेरिका नाराज़ हो जाएगा।

शायद इन्हीं सबसे आतंकित हो
कुछ नागरिकों ने सुझाया कि
मैं इन भेड़ों को नागरिक जीवन का अंग न बनाऊँ
और इन्हें किसी अजायबघर में रख दूँ

हाय रे! अजायबघर में जाने की सलाह पातीं
चाँदनी रात में चमकतीं भेड़ें।

O

नागरिक-बुद्ध संवाद

अब भी नगर में बजते हैं घंटे
अब भी रोहिणी, पुर्णिका, पटाचारा
आदि स्त्रियों के गृहत्याग की पूरी सम्भावना है
अब भी यहाँ दिन अत्यन्त दमनकारी होते हैं
रातें दुखदायी

समय यहाँ काठ की घंटी की तरह बजता है
अब भी यहाँ बड़ माता व्रण से विकल है
अब भी यहाँ नट, भाँट, गवैये, चुगलख़ोर
और चमकती दमकती कसे उरोजों वाली वेश्याएँ
विशिष्ट सभाओं में पहले प्रवेश पाती हैं
मेरे लिए यहाँ कोई भी सुबह
नई नहीं होती भन्ते,

नागरिक आबादी में शीर्ष स्थान पाए
नगर श्रेष्ठि, प्रसिद्ध तस्कर जेत राजकुमार
वेणुवन में विश्राम कर रहे नवधनाढ्य वस्त्र व्यवसायियों
की आक्रामक मुद्राएँ
मुझे रोज़-रोज़ आहत करती हैं
क्योंकि तूने दिया है मुझे मादल जैसा मन
जो हरेक चोट पर बज उठता है

मैं फिर तुम्हारा दरवाज़ा खटखटाता हूँ सिद्धार्थ
मैं तुम्हारी निद्रा भंग करता हूँ
कि सुनो! पीतवसन राजा
जो सारे गणतन्त्रों में बहुमत से जीत कर आया है
वह इन्हीं के द्वारा दान में दिए रथ पर सवार
हमारा कल्याण देखने आता है और अपनी शक्ति के उन्माद में
रोज़ हज़ारों गौतमियों से बलात्कार करता है।

उसके नवरत्न जो कला, साहित्य, ज्ञान, विज्ञान के क्षेत्र के
जाने-माने अपराधी हैं, वे उसके पौरुष के गुण गाते
और वह उन्हें मेरी आँखों के सामने ही
अंगवस्त्र एवम् नारियल से पुरस्कृत करता
हालाँकि वह जानता है कि इस जन्म का यह कवि
उस जन्म का श्रमण था और काल के किसी मुकाम पर
मेरी शिकायत बुद्ध से कर सकता है।

यहाँ सावन में रोते हैं मोर हे गौतम!
जो भी गुणवंत जब भी सभा में आते
तो हे सिद्धार्थ! इस जनपद की कल्याणी प्रसिद्ध कलादेवी
जो मशहूर नृत्यांगना है, सबसे रोज़ शराब का घड़ा ढोवाती
वह न जाने कई कलस मदिरा रोज़ पी जाती
और सबको नचाती,
पर समय की विडम्बना देखिए हे आर्य,
वही आगे चलकर टीकाओं और स्मृतियों में भारतीय परम्परा के
मूल स्वर के रूप में स्थापित हुई है।

हम यहाँ समय का विकराल जुआ ढो रहे हैं अज्ञातचेता
और तुम किसी जेतवन में विश्राम कर रहे हो,
पर हमें कहीं नसीब नहीं है चैन,
जब हम किसी उद्यान में घूमने चले जाते हैं
तो हे वर्धमान! वहाँ मिल जाते हैं विलासी

जो किसी रमणी का अधर चूस अभी-अभी आए होते हैं
और उसी को मानुष जीवन की चरम उपलब्धि बता रहे होते हैं

क्या इन सबको कभी नहीं होगा, ऐश्वर्य का दुःख हे बुद्ध!

एक दिन मैं गुज़र रहा था राजपथ से
वहाँ हो रही थी गणसभा

गणसभा में देखता हूँ क्या कि
एक श्वेत पक्षी उपस्थित जन जूथ को
रक्त मांस का लोथड़ा समझ
चोंच में दबा उड़ जाने की तैयारी कर रहा है

इस तैयारी को देख, मैं हैरान था हे महाज्ञान,
जैसे ही हिरण जैसा एक युवा
जीवन जीने की कुशा उठाता है
तो उसे डँस लेता है एक सोने का साँप
और उसका विष पवन वेग से उसके हृदय गह्वरों में
फैल जाता है

नगर प्रासाद तो जुआरियों के चले जाने के बाद
जुआ घरों से हो गए हैं उदास
सरवर तल शीशे में परिणत हो गए

हालाँकि पुनः कई हज़ार साल बाद
तेरे पास आया हूँ हे महाकारुणिक
तेरे शरण में अपने को विलीन करने नहीं
बल्कि अपने में शामिल कर तुम्हें ले जाने
और एक-एक कर यह सब दिखाने।

O

पुस्तकालय

मेरे पुस्तकालय के बगल में
एक यातनागृह है
जिसमें रहते हैं हमारे पुरखे
जंजीरों से बँधे।

मेरे पढ़ते वक्त आ जाते हैं वे
कोई कहता है—देखो! हमारी पीठ पर ये कोड़े की छाप
देखो हमारी जीभ में छड़ गड़े हुए हैं
देखो यह खून का काला धब्बा
इसमें और समय-बोध में क्या कोई फर्क कर सकते हो

मैं इनसे बचना चाहता हूँ
और उठा लेता हूँ उत्तर औपनिवेशिकता पर एक किताब
तो उनमें से एक चीखता है ज़ोर से—
देखो! अंग्रेज़ों की बग्घियाँ खींचते-खींचते
मेरे कन्धे छिले हुए हैं।

कोई दिखाता है अपनी उँगलियाँ
जो फटे हुए हैं मेमों की बूट पालिश करते
कोई आता है और छीनकर रख देता है मेरी किताब
और कहता है—देखो, मेरे होंठ
जो आज भी सिले हुए हैं

कोई गर्म छड़ों से दागी हुई अपनी पीठ दिखाता है
कोई आकर कहता है–
        क्या बैठ गए हो किताबों के साथ लाट बनकर
चलो! अपने पुरखों के पाँवों में नाल ठुकी देखो

कोई लाकर रख देता है मेरा अतीत
        पूरी तरह रौंदा हुआ
कोई दिखाता है उस वक्त ठोंकी गई गर्म छड़ों का प्रसार
        मेरे भविष्य में होता हुआ
मैं सोचता हूँ–चलो! इनसे बचकर किसी
        कविता संकलन में अपनी मुक्ति खोजूँ
और मैं निकाल लेता हूँ सेल्फ़ से कविता की एक किताब
        पर मैं कैसे पढ़ूँ किताब?
मेरे ठीक बगल में रहता है मेरा इतिहास।

O

क्यों लेगा मुझे

मैं अपने को दान भी करूँ तो
    कौन लेगा मुझे
क्यों लेगा मुझे काशी का डोम
    क्यों ऋषि विश्वामित्र लेंगे
    क्यों गौतम ऋषि मुझे पाकर
    सृष्टि को अमरता का वरदान देंगे
अगर मैं होता दुधारू गाय तो शायद ले लेते
    बेटे के लिए दूध की आवश्यकता से
    वशीभूत होकर द्रोणाचार्य
    अगर सोना होता तो कोई लोभी ब्राह्मण ले लेता
    फटा कम्बल होता तो कोई जोगी ले लेता
मैं उस शब्द की तरह हूँ
    जो ज्ञान का झूठा भरता है दम्भ
अल्यूमिनियम के 'दस पैसाही' जैसा
    पूरी तरह घिसा हुआ
    दान के रूप में नहीं, अगर समर्पण के रूप में अपने को देना चाहूँ
तो क्यों लेगा मुझे भामा शाह
    रानी पद्‌मावती क्यों लेगी
क्यों लेगी रानी विक्टोरिया
    पिंजड़े का तोता भी गिरा देगा मुझे चोंच से
क्यों आलोचक, क्यों सम्पादक, क्यों कवि मित्र भी
    मुझे करेंगे स्वीकार

जब मैं किसी उपयोग के काबिल
        नहीं हूँ
और जब उपयोगिता ही भरती है मूल्य
तो कोई क्यों लेगा मुझे
यही सोच मैंने छोड़ दिया अपनी
        उपयोगिता पर पुनर्विचार
और मुँह ढाँपकर सो गया।

O

सारंगी की संस्कृति

मोरंग देश से
साल वृक्ष का तना काट कर
बनाई गई है यह सारंगी
इससे कोई आवाज़ निकले
इसके लिए कइयों ने अपनी जान
        न्यौछावर की है

एक आदिवासी, कई हिरणियाँ, पहले-पहल राजदरबार में जानेवाले
        कई कलाकार
        संथाल परगना के जंगलों में
        अपने को गला कर
        असंख्य हाथों ने
        निकाले हैं इसके तार

इसमें जोगियों, फ़क़ीरों, कलन्दरों के अरमान भरे हैं
इसे इतना ज़ोर से मत कसो

जितना चाहते हो उतनी ही निकले आवाज़
इसके लिए इससे ऐसी छेड़-छाड़ मत करो

मन, हवा, अँगुलियों को करने दो अपना काम
कुछ खुली सम्भावना सारंगी के लिए भी रहने दो

कभी-कभार सारंगी से अगर निकल आएँ
    अनजाने सुर
तो बुल्लेशाह, एकनाथ और बावरी मीरा को
    याद कर

इसे माफ़ कर दो
और एक बात का ख़ास रखना ध्यान
कि इसे कोई गुणी ही बजाए
मात्र शक्तिशाली होने के कारण
कोई इस पर अधिकार न पा जाए।

O

विश्वकर्मा पूजा पर

वे सब लोहार थे,
        विश्वकर्मा के दरबार के
वे लोहे का असली गुण जानते थे
        जानते थे उसकी सच्ची गन्ध
उन्होंने ही सबसे पहले पर्वत शृंखलाओं से लोहा खोजा था

वे दुखी थे
लोहे के लिए दुखी थे
लोहा जिसकी स्तुति में रचे गए हैं कई श्लोक
उसी से सुदर्शन चक्र बना था जिससे मारा गया था
विंध्य पर्वत में सुदाम
सुना है कि सुदाम सम्पूर्ण आर्यावर्त में
लोहे का सबसे अच्छा कारीगर था
और यह हत्या पूरी सभ्यता में लोहे से की गई
पहली हत्या थी
इसी से मारा गया था उनका लोहा सुर
और यह लोहे से की गई दूसरी हत्या थी
तीसरी बार तो इससे मारे गए थे अनेक
इसी से बधिकों ने खूबसूरत चिड़ियों और
        हुलसती हिरणियों को मारा था
इसी से वह तलवार बनी थी, जिससे शम्बूक का सर कटा था
इसी से बनी थी वो खंजर जिसे अमीना बी की कोख में उतार दिया गया था

इसी से बन्दूक की नली बनी थी,
जिससे भोजपुर में मारे गए थे नगीनाराम
और सत्तर के दशक में पूरी गंगा घाटी में हुए नरसंहारों में
        यह महत्त्वपूर्ण हथियार साबित हुआ था
जिसने यहाँ के जीवन में किया था महत्त्वपूर्ण परिवर्तन
        और आततायियों का राज कायम किया था
        इसी से बनी थी सरकार
        इसी से चली थी सरकार
वे दुखी थे, लोहे के लिए दुखी थे
उन्हें दुख था कि
        सृष्टि के आरम्भ से ही
लोहा लोहारों के हाथों से छीन लिया गया था
और हत्यारों के हाथों में दे दिया गया था।

O

बिखरे दाने

मैं कटी लकड़ी हूँ
जो खोजती है पेड़ों को
मैं पेड़ हूँ
जो खोजता है चिड़ियों को
हूँ मैं वही चिड़िया
जो खोजती है कटोराए अमरूदों को

मैं अमरूद भी हूँ
जो खोजता है अजस्र बीजों को
मैं बीज भी हूँ
जो खोजता है अपने को रोपनेवाले खुरदरे हाथों को

मैं वो खुरदरे हाथ भी हूँ
जो खोजते हैं
गेहूँ कट जाने के बाद खेतों में
शेष रह गई बालियों को

मैं वो बालियाँ भी हूँ
जो खोजती-फिरती हैं
अपने ही बिखर गए दानों को।

O

सोचते हुए

चिड़िया और हिरणी के बारे में सोचना
अन्ततः शिकारी के बारे में सोचना है
इसलिए उनके बारे में प्रचलित हरेक वृत्तान्त को
मैं शिकारियों के सन्दर्भ में देखता हूँ
और पेड़, पहाड़, जंगल उनसे जब भी, जहाँ भी
होती है मुलाक़ात,
अपने बारे में प्रचलित हर वृत्तान्त पर
उन्हें शंका करने के लिए कहता हूँ
और हिरणी के बारे में तो जब भी सोचता हूँ तो लगता है,
जब तक नहीं होंगे हिरणों के अपने इतिहासकार
तब तक शिकारी के गौरवान्वित होते
रहने की पूरी सम्भावना है,
और चिड़ियों को व्याध के जाल से
बचाने के लिए बहुत जरूरी है कि
चिड़ियों के अपने दार्शनिक हों।

O

धुरी

वो पीले पत्ते कहाँ हैं
जो सड़कों पर गिरकर
गर्मी की शामों को
और उदास बनाते थे
जिनमें खुलती ही जाती थी
शमशेर की कविता

वो लड़की कहाँ है
जो न जाने क्या याद कर
मुस्कराती थी
कहाँ हैं वो लड़के
जो आधा वसन्त बीत जाने पर भी
तड़ाग में कमल की तरह
सूर्यपर्वत पर मुस्कराते थे

वो मन के घोड़े कहाँ हैं
जो पहाड़ों से टकराते थे
वो कहाँ हैं गुलाब की पंखुड़ियाँ
जो रानी विक्टोरिया के मुकुट का हीरा छेद जाती थीं

वो कारवाँ जो चलता रहता था अथक
वो हवा जो झूमती रहती थी दीवानगी में

वो लोग क़हाँ हैं
जो कैफ़े और साहित्य के पीछे पागल रहते थे
उनकी छड़ियाँ, उनके छाप, उनकी किताबें कहाँ हैं

रात, शराब और गिट्टी की सड़कों के
अनबुझ रहस्यों को
जो करती रहती थी तार-तार
वो गहरी आँखें कहाँ हैं
कहाँ हैं उन आँखों की पुतलियाँ
वो नूर, वो आब कहाँ है!

वे शब्द कहाँ हैं
जो जब भी कहते थे
तो कहते थे
दिल में उतरने वाली बात

जैसे दाने की खोज में
चिड़िया चली जाती हैं दूर देश
जैसे गऊएँ चरने के लिए
दूसरे सिवान में चली जाती हैं
हो सकता है वो भी, उसी तरह किसी सुबह कहीं चली गई हों

या जब मैं आया था
उस समय जिस धुरी पर था यह शहर
वह धुरी ही बदल गई हो।

O

शबरी का गीत

शंकरगढ़ के जंगल में बाँस की छेवकी से पथ बुहार रही है शबरी
शबरी! जंगल छोड़ अब दिल्ली में पथ बुहारो
आना होगा तो तेरे राम यहीं आएँगे
जंगल में राह देखते बीत गए कितने युग

कहते हैं कि तुम्हें अमरता का ऐसा मिला है अभिशाप
कि कई युगों की लम्बी प्रतीक्षा के बाद तुम्हें राम को फिर से पाना है

शबरी! बेर छोड़ काजू के लड्डू मँगा लो
और पार्लियामेण्ट की कैंण्टीन में बैठ थाल सजा लो
विहिप के वेबसाइट पर मिले संकेतों से
        पता चलता है कि
        अयोध्या से चल तेरे राम यहीं आएँगे।
अब तुलसीकृत रामायण पढ़ने से कुछ न होगा, शबरी!
        इससे न उनके आने का सही मुहूर्त पता चलेगा
                न जाने की राह
पढ़ना हो तो पुस्तक मेले में विमोचित डायमंड पॉकेट बुक्स में छपी
        रामकथा अनुशीलन पढ़ो
        आधुनिकता बोध से अपने को जोड़ो
        आदिमता छोड़ो
और अगर प्रतीक्षा करने के लिए मैगसेसे पुरस्कार पाने की
        तनिक भी इच्छा हो मन में

तो अपनी प्रतीक्षा के सूत्र को कहीं न कहीं वेदों से जोड़ो
अरण्यक वन छोड़ शबरी!
अपना मन दिल्ली की ओर मोड़ो

जंगल में तुम थी निर्भय और निर्द्वन्द्व
यहाँ टेटुआ दबा तेरी हत्या करने की हो सकती हैं कोशिशें
और बहुत सम्भव है तेरे टेटुआ दबाने वाले
तेरे सपनों के राम ही हों

जिस रूप में भी मिलें
अपने राम को स्वीकारो शबरी!
रामकथा को धारो शबरी।

O

संग्रहालय

शम्बूक को हतने वाली तलवार,
एकलव्य का अँगूठा,
क्रौंच वध के तीर, इन्द्र द्वारा अहिल्या के
शीलहरण के दस्तावेज
सब सजाकर रखे हैं दर्शक दीर्घा में
दीवाल के उस ओर क्रम से रखे हैं
इन्द्र का दर्प, वृत्रासुर की अस्थियाँ
और पुरुरवा का कथानक
यहाँ हते हुए, हारे हुए, मारे हुए विचारों के
अनेक मॉडल रखे हैं
यहाँ की आर्ट गैलरी में शीशे के शोकेस में
रखे हैं भर्तृहरि के सारंगी के गीत
तोड़ तोड़कर जलाए हुए
उसके ठीक नीचे एक पट्टिका लगी है—
इस सनातन समय में समर्पण ही है एकमात्र उपाय
प्रतिरोध के लिए कोई जगह नहीं।

O

मुक्ति

बन्धनों के अनेक शास्त्र होते हैं
पर किसी भी शास्त्र में नहीं लिखा है उनसे मुक्ति का उपाय
वह बँधी है
चूल्हे से, चौके से, चाकू से, सरौते से
फिनाइल भीगे पोंछे से,
कील से, काँटे से
बालों में चुभी अँकुसी से
मन्त्र से, फेरे से,
आकर्षण से, विकर्षण से,
स्पर्श से, बातों से, रूप से
आत्मा से, आँखों से
ममता से, जिम्मेवारियों से
वह बँधी है कई तरह से
बाएँ से, दाएँ से,
ऊपर से, नीचे से,
वह बँधी है
आँखों से, होंठों से
और संवेदित हो जानेवाली नसों से
वह कैसे होगी इन बन्धनों से मुक्त
हो सकता है रोने का पारम्परिक तरीका काम आए,
या सम्भव है उसके हँसने पर सारे बन्धन कट जाएँ
वह गाए तो हो सकता है

खुद ही चलकर उसके पास आज़ादी आए
बहुत सम्भव है चिल्लाने से उसे कभी-कभी
मुक्ति मिल जाए
हरेक शब्द जब भय, लालच, दबाव के अधीन
निकलते हों
तो शायद उसने सोचा हो कि चुप रह कर भी
पाई जा सकती है मुक्ति
त्रासद क्षणों में, जब दिमाग पर बोझ भारी हो
आँचा पाँचा बतियाकर
मुक्त होने का शायद उसने खोजा हो
आसान उपाय
हो सकता है वह दिल में मुक्ति पाए
कविताएँ लिखकर
मैं मन ही मन मनाता हूँ भीतर ही भीतर
मृगतृष्णा नहीं हो मुक्ति
रेगिस्तान में दौड़ती इस हिरणी के लिए।

O

फेंक आया अमरफल

पहले मैं सोचता था
        अमर होऊँगा
पर बुद्ध की अमरता का परिणाम देखा
तो अमर होने का विचार त्याग दिया

कई दिन सपने में
        जीसस क्राइस्ट को मरण के लिए
तप करते देखा
और बेचारा मिथकों का अश्वत्थामा
अपनी अमरता से दुखी हो
बार-बार करता है चीत्कार
वह जब भी करता है चीत्कार
तो पृथ्वी पर भूकम्प आता है
और समुद्र में उठता है तूफ़ान
इसीलिए मैंने अमरता का विचार त्याग दिया
        और
खिड़की से फेंक आया
        अमरफल।

O

हारा हुआ योद्धा

हारे हुए योद्धा को
जहाँ भी देखो
नमन करो,

रुक कर
उसे ध्यान से देखो
उसके माथे पर सजा होगा
अद्‌भुत पक्षी का ताज
दिखता नहीं
पर वो घोड़े पर सवार होगा
आसमान पे उड़ते अबाबीलों को
अपने पाँवों तले कुचलते
नीले रंग के घोड़े पर

हालाँकि यह सत्य है कि
उसके घोड़े का ज़ीन गिरा होगा
वह धूल मिट्टी में भी सना होगा
उसकी कमर में लटकती होगी अभी भी
एक अदृश्य तलवार
जिससे आसमान को भी काटा जा सकता है
उसके घाव उसके शरीर पर कवच का काम करते होंगे

उसके पाँवों में चमकता होगा एक दैवी जूता
वह सदैव एक नए युद्ध की तैयारी
कर रहा होगा

O

इस सदी का गाना

इस पूरी सदी में छाए रहे हत्यारे?
कहीं-कहीं तस्कर रहे
कहीं-कहीं दलाल
अँतरा कोना आँतर-पाँतर
ह हा ऽ ऽ ही ऽ ऽ ही ऽ ऽ
करते रहे सट्टेबाज़

कहीं कहीं छलिए रहे
कहीं-कहीं धोखेबाज़
इस सदी में न कवि रहे
न कलाकार
कुछ जगह वेश्याएँ रहीं
कुछ जगह ज़ल्लाद
कहीं-कहीं ठग दिखाते रहे
शान्ति का रुमाल

देखिए
सबसे शीर्ष पर रहे हैं
इस वर्ष पिशाच
कहीं-कहीं तो क़साई
अव्वल रहे हैं
कहीं-कहीं लुटनीहार

पीछे नहीं रहे हैं
छोटे-बड़े बटमार
पशुओं में बाघ आगे रहे हैं
पक्षियों में बाज़

सच मानो
इस पूरी सदी में
छाए रहे हैं हत्यारे

O

शुक्रतारा

एक सुबह मैं सोच रहा था
        उस शुक्रतारा के बारे में
जो इतने आक्रामक और रक्तिम सूर्य के उदय के बाद भी
        बच गया है आसमान में साबुत

इससे साफ जाहिर होता है कि सूर्य की आसमान पर विजय
        इतनी आसान नहीं रही होगी
विश्वास न हो तो प्रमाण के लिए देखा जा सकता है
        रक्त से भींजा आकाश-पथ

यह शुक्रतारा तारा से अधिक प्रतीक है मेरे लिए
        सूर्य के ख़िलाफ़ तारों के रातभर चले संघर्ष का
जिसमें कई शहीद हुए, कई हलाक, कई झेल रहे हैं निष्कासन
        कई उत्प्रवास!

यह एक ऐसे इतिहास का प्रवेश द्वार है
        जिसे ठीक से कहने वाले का आना है
        बाकी
वह आकाश के सीमांत पर एक पराजित कौम के
        अपराजेय गर्व की तरह उगा है

एक उदाहरण की तरह, एक बिम्ब की तरह
सूर्य की समरनीति की एक भूल की तरह

भूखे भेड़िये की तरह झपटती
        सूर्य की सेना की गलती की तरह

उनके खबरिये, निशानची, सेनापति और वित्तपोषकों के
चक्रव्यूह से बचकर

वह एक ऐसी कथा के सहनायक की तरह आया है आज सुबह
जिसके नायकों की कथा का कहा जाना शेष है अभी
उन पर नाटक लिखे जाने हैं
उन पर कई वृत्तचित्र बनने हैं अभी
उनकी दंत-कथाओं को अभी प्रचलित होना है

अपने सम्पूर्ण लाव-लश्कर के साथ सूर्य के आकाश पर
काबिज हो जाने के बाद भी
वह नहीं है आतंकित, केहर के लाल, काल-कराल जैसे फहराते
रक्तिम अयालों वाले आदित्य के तेज से

उसके चेहरे पर पराजय का कोई बोध भी नहीं
वह सोचते हुए पूरब की तरफ देखता है
मानो अपने को कर रहा हो तैयार
        किसी नई गुहार के लिए
पूर्वज मरने पर तारे हो जाते हैं
पता नहीं किसका कौन पूर्वज उगा है शुक्रतारा के रूप में

विजेता के सारे आतंक आतंकित हैं उसके होने से
विजेता का तेज लजाया है

आकाश पर उगा है यह उग्रतारा
मैं रोज सुबह अपने मन में
इसके उगने का इंतजार करता हूँ।

O

एक अदद कवि की...

ज़रूरतों के अलग-अलग हैं मानदंड
ज़रूरतों की कोई निश्चित सूची नहीं होती

संसद भवन के वी. आई. पी. द्वार से निकल रहे अधिपति को
पड़ सकती है ज़रूरत एक कवि की

कवि
जो उसके लिए नारे गढ़ सके
जो उसके उन्मादों और क्रूरताओं को दे सके भाषा
जो शब्दों, भावों और विचारों को उसकी सेवा में नियुक्त कर दे
जो विश्व हिन्दी सम्मेलन में उसका भाषण लिख सके

जो प्रायः लिखा करे उसका प्रेस वक्तव्य
जो उसके कुकृत्यों का भाँट शैली में काव्यात्मक रूपांतरण कर सके
जो कर सके उसकी दलाली सवैया छन्द में
जो बरवै में उसकी नृशंसताओं की तारीफ़ कर सके
जो कवि तो हो, पर उसकी क्रूरताओं के पक्ष में अख़बार में लिख सके कॉलम

जो उसकी ऐय्याशियों पर कुंडलियाँ गढ़ सके
जो युवा हो, या हो वृद्ध
अगर उसको कवियों की देवसारिणी की सदस्यता प्राप्त हो तो और भी अच्छा

जिसके पास अनूठे छन्द हों
उसकी अँगूठी के रत्नों की तारीफ़ में
जो उसकी डकार को अनहद नाद कह सके

जो उसकी संकीर्णताओं को जोड़ सके विश्वमानवता से
जो उसे भी कवि सिद्ध कर सके।

O

सोचनेवाला आदमी

वह सोचने लगा है आजकल कि
इस पृथ्वी के होने का क्या मतलब है,
जो उसके लिए सोने की जगह भी नहीं दे सकती
इस नील, लोहित, सुरमई आसमान का क्या मतलब है
उसके लिए

वह सोचने लगा है आजकल कुछ अलग अन्दाज़ में
हर चीज़ का तलाशने लगा है अर्थ
अपने सन्दर्भ में

जैसे उसने चीज़ों को परखने का पैमाना पा लिया हो
क्या, क्यों, कारण, मतलब जैसे शब्द
प्रयोग करने लगा है
न जाने किसने दिए उसे ये शब्द

बात राज्य के गुप्तचर विभाग तक पहुँच गई है
उन्हें सख़्त आदेश है कि पता लगाएँ
कौन ऐसे लोगों को ऐसे-ऐसे शब्द
सप्लाई कर रहा है
जिससे सृष्टि का जोड़ गड़बड़ा रहा है

राज्य गम्भीरता से सोच रहा है इस बात पर

कि अगर सम्भव हो और विपक्षी दल भी मान जाएँ
तो सदन के अगले सत्र में एक प्रस्ताव पारित करके
शब्दों को राज्य की सम्पत्ति घोषित कर दिया जाए

एक भाषाशास्त्री ने अपनी अन्तरिम रिपोर्ट में कहा है कि
मेल-जोल से बनती हैं भाषाएँ
इसलिए उनके मेल-जोल पर भी निगरानी रखी जाए

शब्दों पर भी लागू हो कोटा-परमिट
कितना शब्द किसको और कहाँ मिले
यह राज्य तय करे

अगर ये कूढ़मग्ज़, उजबक भुच्च देहाती चले आएँ ऐसे शब्दों के साथ
तो नागरिक समाज की शान्ति व्यवस्था भंग हो जाएगी

फिर हमें तो सोचना है राज्य के निचले पंखों द्वारा पोषित
दिल्ली के जेम्सबांड, लाडले राजकुमार कवि के बारे में
जो इनके सस्ते शब्दों को खोज-खोजकर
तैयार करना चाहता है तालियाँ बजवाने वाली कविता

इसलिए हमें कोशिश करनी है कि
अगली सदी तक उनकी छवि सस्ते शब्दों से ही बने

मिथक बनाने हैं, प्रतीक बनाने हैं, शब्द बनाने हैं
लम्बे-लम्बे वाक्य बनाने हैं
विद्रोही
मुद्रा अपनानी है

अभी बहुत कुछ करना है ताकि
रोकी जा सके

उसकी छवि को
बोझ ढोनेवाले आदमी से
सोचनेवाले आदमी में तब्दील होने से।

O

कवि कुल परम्परा

आकाश में मेरा एक नायक है
राहु
गगन दक्षिणावर्त में जग-जग करता
धीर मन्दराचल-सा
सिंधा, तुरही बजा जयघोष करता

चन्द्रमा द्वारा अपने विरुद्ध किए गए षड्यन्त्रों को
मन में धरे
मुंजवत पर्वत पर आक्रमण करता
एक ग्रहण के बीतने पर दूसरे ग्रहण के आने की करता तैयारी

वक्षस्थल पर सुवर्णालंकार, जिसके कांचन के शिरस्त्राण
ब्रज के ख़िलाफ़ एक अजस्र शिलाखण्ड
भुजाओं में उठाए
अनन्त देवनक्षत्रों का अकेला आक्रमण झेलता

अतल समुद्र की तरह गहरा
और वन वितान की तरह फैला हुआ
तासा डंका बजाता
और कत्ता लहराता हुआ।

ऋग्वेद के किसी भी मण्डल का अगर कोई भी कवि
उस पर लिखा होता एक भी छन्द तो मुझे
कविकुल परम्परा पर गर्व होता।

O

नाम

मुझे कैसा नाम दिया है मेरे पिता
मैं अपने नाम के अर्थ में ही बिंध सा गया हूँ
जैसे ठुक गयी हो कोई कील मेरे हृदय प्रदेश में।

अब न जाने कितना करना पड़ेगा दुर्धर्ष संघर्ष
कितने व्रण सहने पड़ेंगे
इसके अर्थों के पार जाने के लिए

अपने आपका गुलाम मैं होता गया हूँ
मेरे पिता

ये मुझमें नया राग भरने नहीं देते
ये मुझे खुद से आगे कुछ देखने नहीं देते
मैं क्या करूँ कि इसके अर्थ से हो जाऊँ बरी

कितनी लड़ाइयाँ और लड़ूँ
कौन सा दर्रा पार करूँ
कितनी बार और किन-किन मौसमों में
कोसी में लगाऊँ छलाँग

मुझे ऐसे अर्थों की गुलामी से
मुक्त होना है मेरे पिता

O

अपेक्षाएँ

कई अपेक्षाएँ थीं और कई बातें होनी थीं
एक रात के गर्भ में सुबह को होना था
एक औरत के पेट से दुनिया बदलने का भविष्य लिए
एक बालक को जन्म लेना था
एक चिड़िया में जगनी थी, बड़ी उड़ान की महत्त्वाकांक्षाएँ

एक पत्थर में न झुकनेवाले प्रतिरोध को और बलवती होना था
नदी के पानी को कुछ और जिद्‌दी होना था
खेतों में पकते अनाज को समाज के सबसे अन्तिम आदमी तक
पहुँचने का सपना देखना था

पर कुछ भी नहीं हुआ
रात के गर्भ में सुबह के होने का भ्रम हुआ
औरत के पेट से वैसा बालक पैदा न हुआ
न जन्मी चिड़िया के भीतर वैसी महत्त्वाकांक्षाएँ

न पत्थर में उस कोटि का प्रतिरोध पनप सका
नदी के पानी में जिद्‌द तो कहीं दिखी ही नहीं

खेत में पकते अनाजों का
बीच में ही टूट गया सपना
अब क्या रह गया अपना।

O

सपने

मुझे मेरे सपनों से बचाओ

न जाने किसने डाल दिए ये सपने मेरे भीतर
ये मुझे भीतर ही भीतर कुतरते जाते हैं

ये धीरे-धीरे ध्वस्त करते जाते हैं मेरा व्यक्तित्व
ये मेरी आदमीयत को परास्त करते जाते हैं

ये मुझे डाल देते हैं भोग के उफनते पारावार में
जो निकलना भी चाहूँ तो ये ढकेल देते हैं

ये मेरी अच्छाइयों को मारते जाते हैं मेरे भीतर
ये मेरी संवेदना, मेरी मार्मिकता, मेरे पहले को हतते जाते हैं।
ये मुझे ठेलते जाते हैं एक विशाल नर्क में
मैं चीखता हूँ ज़ोर से
आधी रात

O

महान नायक

वह एक अजीब सुबह थी
जो लिखना चाहूँ, लिख नहीं पा रहा था
जो सोचना चाहूँ, सोच नहीं पा रहा था
सूझ नहीं रहे थे मुझे शब्द
कॉमा, हलन्त सब ग़ैरहाज़िर थे।

मैंने खोल दिए स्मृतियों के सारे द्वार
अपने भीतर के सारे नयन खोल दिए
दस द्वार, चौदह भुवन, चौरासी लोक
घूम आया
धरती गगन मिलाया

फिर भी एक भी शब्द मुझे नहीं दिखे
क्या ख़ता हो गई थी, कुछ समझ में नहीं आ रहा था

धीरे-धीरे जब मैं इस शॉक से उबरा
और रुक कर सोचने लगा
तो समझ में आया

कि यह शब्दों का एक महान् विद्रोह था
मेरे ख़िलाफ़

एक महान गोलबन्दी
एक चेतष प्रतिकार

कारण यह था कि
मैं जब भी शब्दों को जोड़ता था
वाक्य बनाता था
मैं उनका अपने लिए ही उपयोग करता था

अपने बारे में लिखता रहता था
अपना करता रहता था गुणगान

अपना सुख गाता था
अपना दुख गाता था

अपने को ही करता था गौरवान्वित
अजब आत्मकेन्द्रित, आत्मरति में लिप्त था मैं
शब्द जानते थे कि यह वृत्ति
या तो मुझे तानाशाह बनाएगी
या कर देगी पागल बेकार
और शब्द मेरी ये दोनों ही गति नहीं चाहते थे

शब्द वैसे भी महसूस कर रहे थे कि
मेरे भीतर न प्रतिरोध रह गया है
न प्यार
न पागल प्रेरणाएँ

अतः शब्दों ने एक महान नायक के नेतृत्व में
मेरे ख़िलाफ़ विद्रोह कर दिया था।

O

शक्तिशाली

एक समय ऐसा आएगा
जब वस्तु से ज़्यादा
प्रभावी हो जाएगी उसकी छाया
छाया वस्तु से ज्यादा पूजित हो जाएगी

सूर्य की छाया को ही सूर्य समझ
हम माँगेंगे पुत्र एवम् मन की कामना
वृक्ष की छाया से फल माँगेंगे

एक ऐसा समय आएगा
जब राहु नहीं
बल्कि खुद चाँद की छाया ही
चाँद को ग्रस लेगी

स्वर्ग की छाया
ढक लेगी स्वर्ग को

सत्य की छाया, सत्य को ढक लेगी
जल की छाया को ही जल समझ
हम छान लेंगे चुल्लू
रोटी की छाया को ही
रोटी मान लेंगे

अँधेरा इतना बढ़ेगा
और ऐसा भ्रम पैदा करेगा
कि अँधेरे को ही
रोशनी समझ
हम निकल लेंगे जंगल में
लकड़ी काटने

अब मैं तुमसे नहीं
तुम्हारी छाया से बतियाऊँगा
उसे ही बुलाऊँगा चाय पर
उसे ही शादी-ब्याह श्राद्ध में बुलाऊँगा

उसके ही संग करूँगा लंच व डिनर
तुम अगर मिले भी अपनी छाया के संग
तुम्हारी छाया को तुमसे अलग कर
दूर ले जाऊँगा

कुछ खुसफुस बतियाऊँगा
उसी के सामने झुकूँगा
उसी के सामने नत हो जाऊँगा
अब क्या रह गए हो तुम!

तुम बली थे 20वीं सदी में
अब तो तुम्हारी ही शक्ति को
जोड़ घटा
गुणा भाग कर
वह हो गया है परम बलशाली
तेरी छाया ने ही कर दिया है तुझे निरर्थक

○

उनका आना

एक में मृत पूर्वज हैं
दूसरे में मरे सम्बन्ध
तीसरे में स्मृतियाँ हैं मरी हुईं
वे यहाँ आए हैं लिए
कई कई ताबूत

किराये का घर है, एक कमरे का
बहुत हुआ तो दो कमरे का और
एक छोटी बालकनी
कहाँ रखें
इन्हें कहाँ रखें
इस शहर में कोई कब्रिस्तान भी नहीं है
जो ऐसे ताबूतों को जगह दे

एक जगह हो सकती थी, ग़ालिब की मज़ार
वहाँ तो पुलिस का पहरा लगा है
कैसे इन्हें फेंक दें यमुना जल में
घर छूटा, गाँव छूटा, ये ताबूत तो न छूटे

एक तो ये आकर शहर में बढ़ा रहे हैं भीड़
दूसरे, साथ ऐसी बेकार चीजों के ताबूत लाए हैं

ऐसे में वे क्या करते
अन्ततः उन्होंने अपने भीतर रख लिए ये ताबूत

अपने भीतर ताबूत लिए वे दफ़्तर जाते हैं
दफ़्तर में घुसते ही झिड़कता है उन्हें
उनका आला अफ़सर
गाँव गिरान यूपी बिहार से
चले आए हो
इतने ताबूतों के साथ!

O

सपनों के बारे में

सपनों के टूटने का दुख किसे नहीं होता
गौरैया के जब सपने टूटे थे तो
वह कई दिनों नहीं आई थी छत पर
एक चींटी का हाथी के सूँड़ में घुसने का सपना
जब किन्हीं कारणों से नहीं हो पाया था पूरा
तो वह कई दिनों तक
चींटियों के हार में नहीं दिखी थी

पिछले इतिहास में कालू कलवार ने अपने
सपनों के लिए
ग़जब ऊधम मचाई थी
और सोहागिन भंगिन को क्या भूल गए आप
जिसने अपने सपनों के लिए
राजा प्रसेनजित पर
मैला ढोनेवाला ओड़िया फेंक मारा था
और एकलव्य ने अपने सपनों के लिए ही तो अपने
अँगूठे कटवाए थे
यहाँ टूटे हैं सबके सपने
पर किसी के चेहरे पर कोई भाव तक नहीं है

आलोचक, लेखक, कवि, कलाकार
और चिकित्सक

जैसे सबने मान लिया हो कि
दुनिया के चलने की गति को
बदला नहीं जा सकता

समय के बहाव के ख़िलाफ़ चलना
हमारे वश में नहीं
भले ही वह
दोज़ख़ के बीच में हमें ले जाकर खड़ा करती हो

भोग, रोग, लिप्सा, पिपासा ने जैसे
कोढ़ की तरह ग्रस लिया हो हमारे वजूद को
कि इतने दिनों इतनी तरह से प्यार किए गए
अपने सपनों के विरुद्ध जाने में हमें तनिक भी
नहीं होती है कठिनाई
मन रुँधता नहीं
ज़बान हकलाती नहीं
देह थरथराती नहीं
स्वर्ग की बात करते करते
एक भयानक रौरव को गौरवान्वित करने में

कभी जल की मछलियाँ भी चढ़ जाती थीं
पहाड़ पर
कभी तीन बुड्ढ़े मिलकर अपनी कोहनी से
पहाड़ ठेल देते थे,
जंगल से उठनेवाली झंझा के खिलाफ आज भी
बहुत बार उड़ना चाहती है
छोटी बिढ़नी

और हम हैं कि चले जा रहे हैं
एक महान-से दिखनेवाले नरक में

सारी नैतिकताएँ, सारी प्रतिज्ञाएँ
और पागल बना देनेवाली सारी प्रेरणाएँ छोड़
और इन्हें छोड़ने का तनिक दुख भी नहीं है

○

पर्व

वहाँ मेरी इच्छाओं के वध पर्व के
बज रहे थे नगाड़े
पशुगण ललकारे जा रहे थे
भाले बरछे बोल रहे थे जयकारे

मेरी इच्छाओं के वध का पर्व था
जिसे राजा, उसके कारिन्दे और
उसके सैनिक मना रहे थे
मना रहे थे आला अफ़सर
मार्केट एक्ज़ीक्यूटिव
चिट फंड के मालिक
विज्ञापन कंपनियों को दिया गया था
उसकी सजावट का ठेका

इसमें राजनेता, कूटनीतिज्ञ और
बाहर से बुलाए व्यापारी
शरीक थे

यह पूरा उत्सव गूँज रहा था दलालों के शोर से
मेरी इच्छाओं को छोड़ भी दें तो
किसी को ईस्ट इंडिया कंपनी का आगमन

अब याद भी न था
हम दक्षिण में खड़े थे
वे दक्षिण से आ रहे थे
हवा से भी तीव्र वेग से भागते काले भैंसों पर सवार
हो गए थे रक्तिम उनके भैंसां के मुख
हमारी इच्छाओं के गिरते खून से

अजब शक्तिशाली एक
पाश था उनके हाथों में
जिसमें बँधते जा रहे थे एक एक कर
हमारे वीर नायक
उनके अस्त्र, सुदर्शन चक्र से भी ज़्यादा शातिर,
ज़्यादा खतरनाक थे
सब कुछ उलट गया था
जो हमारे लिए गाए जाने थे
मंगल गीत
वो उनके लिए गाए जा रहे थे
जिन मन्त्रों को हमारी विजय के लिए गूँजना था
वो उनकी विजय पर गूँज रहे थे
जो मांदल बजने थे हमारी जीत पर
वो उनकी जीत पर बज रहे थे

मैं छिपा रहा था अपनी इच्छाएँ
मैं अपनी इच्छाएँ छिपा रहा था
जैसे रेत पर चल रहा कच्छप
अपने भीतर घुसा लेता है अपना मुँह
पर उन्हें खोज लेती थीं उनकी शातिर आँखें

वे मना रहे थे
मेरी इच्छाओं के मारे जाने का उत्सव मना रहे थे
यह अजब मोड़ था सभ्यता के इतिहास का
कि वे खुद ही हमारी इच्छाओं को मार रहे थे

खुद ही उनके मरने का उत्सव मना रहे थे
और खुद ही परलोक में उनकी मुक्ति
के लिए सुन रहे थे गरुड़ पुराण
यह मेरी इच्छाओं के वध का पर्व था
और वे इसे एक राष्ट्रीय पर्व के रूप में
मना रहे थे।

O